Dergleichen Bilder waren früher nicht gewesen und werden schwerlich wiederkommen, denn Friedrich war ein Einundeinzigster in seiner Art wie alle wirklichen Genies.

Wilhelm von Kügelgen über Caspar David Friedrich

Farben der Sehnsucht

Gedanken zur Stille
mit Bildern von Caspar David Friedrich

benno

Beschränkung

Weit spazieren
mag ich nicht, der Tag ist warm,
und genieren
soll mich der Städter Schwarm.
Die Umbüschung
meines Gartens beut mir Ruh',
und Erfrischung
haucht der Sommerwind mir zu.
Luft aus Süden
bringt gedämpften Trommelklang,
und im Frieden
über mir schwebt Lärchensang.

Joseph von Eichendorff

Wenn man Ruhe
nicht in sich selbst findet,
ist es umsonst,
sie anderswo zu suchen.

François de la Rochefoucauld

Gelassenheit

Stets achtete ich die Gelassenheit für eines der höchsten Güter,
welche der Mensch auf dieser Erde erringen kann;
aber die Gelassenheit unter allen Umständen,
die Gelassenheit jedem Wesen und Dinge gegenüber,
die Gelassenheit in jeder Lage,
sei sie bequem oder unbequem,
drohend oder lächelnd,
gut oder böse.

Wilhelm Raabe

Selig ist der Mensch,
der mit sich in Frieden lebt.
Es gibt kein größeres Glück.

Matthias Claudius

Schenke dir einen stillen Moment

Lass auch einmal die Seele baumeln!
Die Vögel haben ihre Nester in den
Bäumen und ziehen sich dorthin zurück,
sooft sie es brauchen.
Die Hirsche haben ihre Gebüsche und Lager,
wo sie ruhen und in der Hitze des Sommers
kühlen Schatten genießen.
Ebenso müssen auch wir jeden Tag einen Ort
besitzen, an den wir uns stets zurückziehen
und an dem wir Erholung vom Drang
der Geschäfte finden können.

Franz von Sales

Kein Mensch auf Erden
hat mir so viel Freude gemacht
als die Natur
mit ihren Farben,
Klängen, Düften,
mit ihrem Frieden und ihren
Stimmungen.

Peter Rosegger

Ruhe der Seele

Die Ruhe der Seele
ist ein herrliches Ding
und die Freude an sich selbst.
Lieber Freund,
wenn nur das Kleinod
nicht eben so zerbrechlich wäre,
als es schön und kostbar ist.

Johann Wolfgang von Goethe

Geh deinen Weg gelassen und ruhig
inmitten des Lärms und der Hast dieser Zeit
und erinnere dich,
welcher Frieden in der Stille liegt.

Aus der Lebensregel von Baltimore, 1692

Stille

ist das Zwiegespräch einer bewussten Seele mit sich selbst.
Wird sie ihrer eigenen Unendlichkeit gewahr,
entsteht in diesem Moment Stille. Alle Menschen
können sie zu jeder Zeit und an jedem Ort vernehmen, und
sofern wir es wollen, können wir ihrem Ruf
jeden Augenblick lauschen.

Henry David Thoreau

Pausen der Stille in meinem Leben,
ich brauche sie. Sie helfen mir, zu mir selbst zu
finden und – Gott zu finden

Anselm von Canterbury

Es gibt eine Stille,
in der man meint,
man müsse
die einzelnen Minuten hören,
wie sie in den Ozean der Ewigkeit
hinuntertropfen.

Adalbert Stifter

Du kannst dein Leben nicht
verlängern noch verbreitern,
nur vertiefen.

Gorch Fock

Nicht schweigen, sondern hören

Als mein Gebet immer andächtiger und stiller wurde, da hatte ich immer weniger und weniger zu sagen. Zuletzt wurde ich ganz still. Ich wurde, was womöglich noch ein größerer Gegensatz zum Reden ist, ich wurde ein Hörer. Ich meinte zuerst, Beten sei Reden. Ich lernte aber, dass Beten nicht bloß Schweigen ist, sondern Hören. So ist es: Beten heißt nicht, sich selbst reden hören, beten heißt still werden und still sein und warten, bis der Betende Gott hört.

Søren Kierkegaard

Täglich eine halbe Stunde
auf Gott zu horchen
ist wichtig, außer wenn man sehr viel zu tun hat.
Dann ist eine ganze Stunde nötig.

Franz von Sales

Gott

Fliehe ein wenig die Beschäftigung mit dem Irdischen, verbirg dich ein wenig vor deinen lärmenden Gedanken, wirf die lästigen Sorgen weg und setze deine mühseligen Zerstreuungen beiseite! Sei ein wenig für Gott da, ruhe ein wenig in ihm aus! Gehe in das Gemach deines Geistes hinein, schließe alles aus außer Gott und dem, was dir suchen hilft! Suche ihn bei verschlossener Türe.

Anselm von Canterbury

Vom Nutzen

Was nützt dir
Liebe, Glück, Bildung, Reichtum,
wenn du dir nicht die Zeit nimmst,
sie in Muße zu genießen?

Karl Alexander Freiherr von Gleichen-Rußwurm

Die größten Ereignisse sind
unsere stillsten Stunden.

Friedrich Nietzsche

Wage auch, dich zurückzuziehen

Jede beliebige Stunde des Tages
gewährt dir doch die Möglichkeit,
dich in dich selbst zurückzuziehen!
Nirgendwo sonst gibt es einen ruhigeren Ort,
an den sich ein Mensch flüchten könnte,
als die eigene Seele, besonders für jenen,
der sich die Werte bewahrt,
deren Schau ihm sofort Erleichterung schenkt.

Marc Aurel

Merk auf dieses feine,
unaufhörliche Geräusch;
es ist die Stille.
Horch auf das, was man hört,
wenn man nichts vernimmt.

Paul Valéry

Bietet das Meer
alle seine Kraft auf,
vermag es dennoch
das Bild des Himmels
nicht widerzuspiegeln.
Selbst die geringste Bewegung
des Wassers,
und es spiegelt den Himmel
nicht mehr klar.
Aber wird es still und tief,
senkt sich das Bild des Himmels
in sein Nichts herab.

Søren Kierkegaard

Das Beste ist die tiefste Stille, in der
ich gegen die Welt lebe und gewinne,
was sie mir mit Feuer und Schwert
nicht nehmen können.

Johann Wolfgang von Goethe

Mondnacht

Es war, als hätt der Himmel
die Erde still geküsst,
dass sie im Blütenschimmer
von ihm nun träumen müsst.

Die Luft ging durch die Felder,
die Ähren wogten sacht,
es rauschten leis die Wälder,
so sternklar war die Nacht.

Und meine Seele spannte
weit ihre Flügel aus,
flog durch die stillen Lande,
als flöge sie nach Haus.

Joseph von Eichendorff

Bildverzeichnis:

S. 2/3: Caspar David Friedrich: Das große Gehege, Öl auf Leinwand, ca. 1832, 73,5 × 102,5 cm, Galerie neue Meister im Albertinum, Staatliche Kunstsammlungen Dresden
S. 4: Georg Friedrich Kersting: Caspar David Friedrich in seinem Atelier, Öl auf Leinwand, 1811, 42 × 54 cm, Hamburger Kunsthalle
S. 6/7: Caspar David Friedrich: Hügel mit Bruchacker bei Dresden, Öl auf Leinwand, ca. 1824, 30,5 × 22,2 cm, Hamburger Kunsthalle
S. 9: Caspar David Friedrich: Der Wanderer über dem Nebelmeer, Öl auf Leinwand, ca. 1818, 74,8 × 94,8 cm, Hamburger Kunsthalle
S. 10: Caspar David Friedrich: Dorflandschaft bei Morgenbeleuchtung, Öl auf Leinwand, 1822, 71 × 55 cm, Alte Nationalgalerie Berlin
S. 13: Caspar David Friedrich: Riesengebirgslandschaft, Öl auf Leinwand, 1835, 102 × 72 cm, Nationalmuseum für Kunst, Architektur und Design Oslo
S. 14/15: Caspar David Friedrich: Wiesen bei Greifswald, Öl auf Leinwand, ca. 1821–1822, 48,3 × 34,5 cm, Hamburger Kunsthalle
S. 16: Caspar David Friedrich: Die Lebensstufen, Öl auf Leinwand, ca. 1834, 94 × 72,5 cm, Museum der bildenden Künste Leipzig
S. 18/19: Caspar David Friedrich: Der Mönch am Meer, Öl auf Leinwand, 1808–1810, 110 × 171,5 cm, Alte Nationalgalerie Berlin
S. 21: Caspar David Friedrich: Tetschener Altar oder Das Kreuz im Gebirge, Öl auf Leinwand, 1807–1808, Galerie neue Meister im Albertinum, Staatliche Kunstsammlungen Dresden; Rahmen: Christian Gottlieb Kühn nach einem Entwurf von Caspar David Friedrich, 173 × 176,6 cm, Holz mit Goldüberzug
S. 23: Caspar David Friedrich: Kreidefelsen auf Rügen, Öl auf Leinwand, 1818, 90,5 × 71 cm, Kunst Museum Winterthur – Reinhart am Stadtgarten
S. 24: Caspar David Friedrich: Frau vor der untergehenden Sonne, Öl auf Leinwand, vor 1818, 22 × 30 cm, Museum Folkwang Essen
S. 27: Caspar David Friedrich: Mondaufgang am Meer, Öl auf Leinwand, 1822, 55 × 71 cm, Alte Nationalgalerie Berlin
S. 28: Caspar David Friedrich: Zwei Männer in Betrachtung des Mondes, Öl auf Leinwand, 1819–1820, 33 × 44,5 cm, Galerie neue Meister im Albertinum, Staatliche Kunstsammlungen Dresden
S. 31: Caspar David Friedrich: Selbstporträt, schwarze Kreide auf Papier, ca. 1810, 18,2 × 22,9 cm, Kupferstichkabinett Berlin

Bibliografische Information der Deutschen Nationalbibliothek
Die Deutsche Nationalbibliothek verzeichnet diese Publikation in der Deutschen Nationalbibliografie; detaillierte bibliografische Daten sind im Internet unter http://dnb.d-nb.de abrufbar.

ISBN 978-3-7462-6596-4

Zusammenstellung: Volker Bauch, Gößnitz
Umschlaggestaltung: Ulrike Vetter, Leipzig
Layout & Gesamtherstellung: Ufer Verlagsherstellung, Leipzig (A)